kool - 學校	2
reisimine - 旅行	5
transport - 交通運送	8
linn - 城市	10
maastik - 地形	14
restoran - 餐館	17
supermarket - 超市	20
joogid - 飲料	22
toit - 食物	23
talu - 農場	27
maja - 房子	31
elutuba - 客廳	33
köök - 廚房	35
vannituba - 浴室	38
lastetuba - 兒童房	42
riietus - 衣服	44
kontor - 辦公室	49
majandus - 經濟	51
ametid - 職業	53
tööriistad - 工具	56
pillid - 樂器	57
loomaaed - 動物園	59
sport - 體育	62
tegevused - 活動	63
perekond - 家	67
keha - 身體	68
haigla - 醫院	72
hädaolukord - 緊急情形	76
Maa - 地球	77
kell - 鐘錶	79
nädal - 週	80
aasta - 年	81
kujundid - 形狀	83
värvid - 顏色	84
vastandid - 反義詞	85
numbrid - 數字	88
keeled - 語言	90
kes / mis / kuidas - 誰/什麼/如何	91
kus - 方位	92

Impressum
Verlag: BABADADA GmbH, Nedderfeld 112 , 22529 Hamburg
Geschäftsführer / Verlagsleitung: Harald Hof
Druck: Books on Demand GmbH, In de Tarpen 42, 22848 Norderstedt

Imprint
Publisher: BABADADA GmbH, Nedderfeld 112 , 22529 Hamburg, Germany
Managing Director / Publishing direction: Harald Hof
Print: Books on Demand GmbH, In de Tarpen 42, 22848 Norderstedt

kool

學校

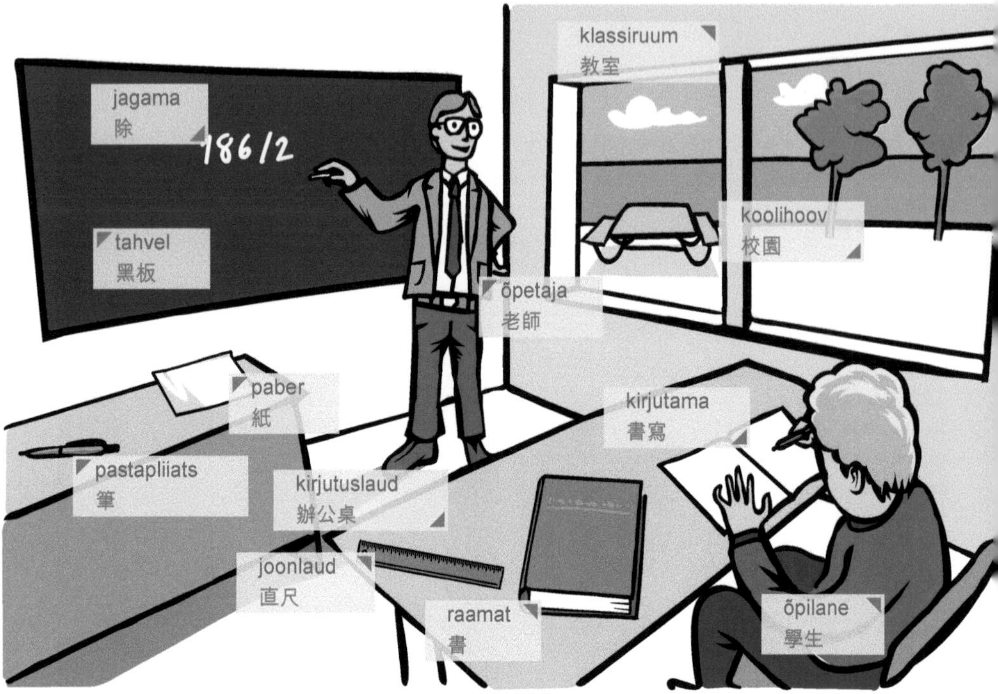

klassiruum
教室
jagama
除
186/2
tahvel
黑板
koolihoov
校園
õpetaja
老師
paber
紙
kirjutama
書寫
pastapliiats
筆
kirjutuslaud
辦公桌
joonlaud
直尺
raamat
書
õpilane
學生

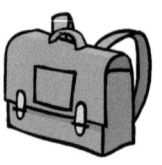

koolikott
書包

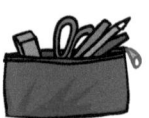

pinal
鉛筆盒

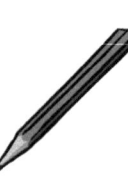

harilik pliiats
鉛筆

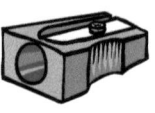

pliiatsiteritaja
削鉛筆機

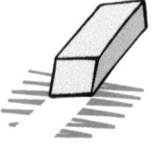

kustukumm
橡皮擦

joonistusplokk
畫板

joonistus

圖畫

pintsel

畫筆

värvikarp

顏料盒

käärid

剪刀

liim

膠水

töövihik

練習冊

kodutöö

家庭作業

number

數字

liitma

加

lahutama

減

korrutama

乘

arvutama

計算

täht

字母

tähestik

字母表

sõna

字

tekst

課文

lugema

讀

kriit

粉筆

koolitund

上課

klassipäevik

登記

eksam

考試

tunnistus

證書

koolivorm

校服

haridus

教育

entsüklopeedia

百科全書

ülikool

大學

mikroskoop

顯微鏡

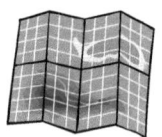

kaart

地圖

paberikorv

廢紙簍

reisimine
旅行

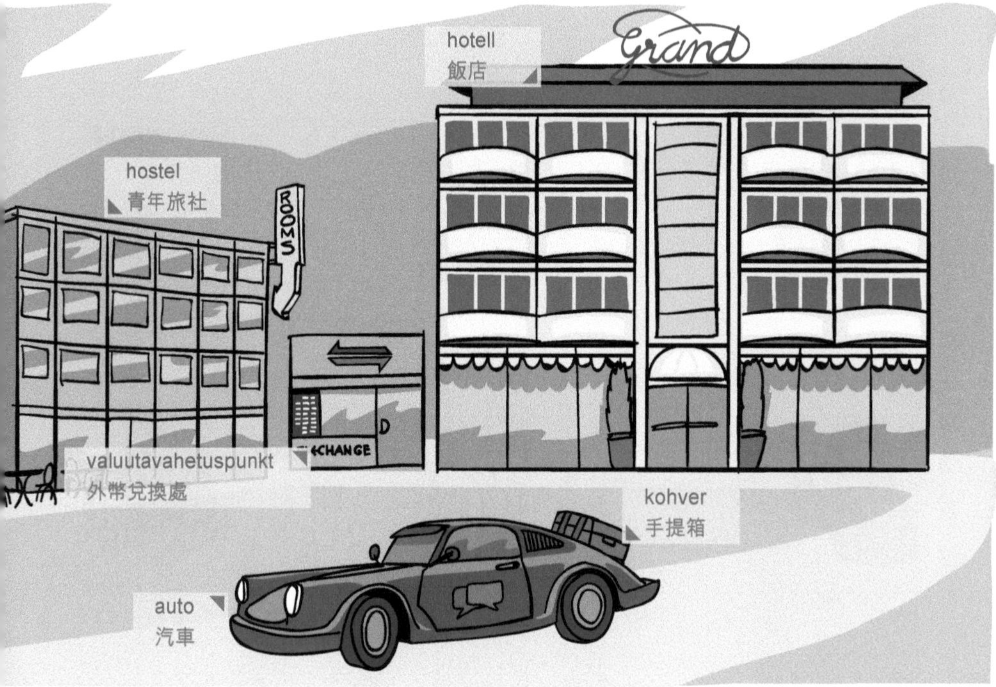
hotell
飯店
Grand
hostel
青年旅社
ROOMS
EXCHANGE
valuutavahetuspunkt
外幣兌換處
kohver
手提箱
auto
汽車

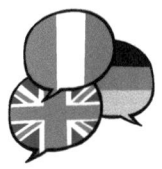

keel

語言

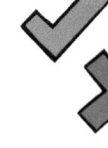

jah / ei

是/否

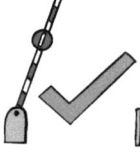

okei

好的

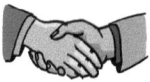

Tere!

您好

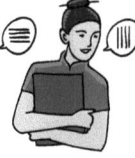

tõlk

翻譯人員

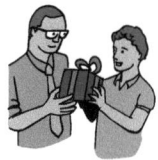

Aitäh!

謝謝

Kui palju maksab ...?

......多少錢？

Ma ei saa aru

我不明白

probleem

問題

Tere õhtust!

晚上好！

Tere hommikust!

早上好！

Head ööd!

晚安！

Head aega!

再見

suund

方向

pagas

行李

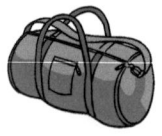

kott

包

seljakott

背包

külaline

客人

tuba

房間

magamiskott

睡袋

telk

帳篷

turismiinfo

旅行資訊

rand

海灘

krediitkaart

信用卡

hommikusöök

早餐

lõunasöök

午餐

õhtusöök

晚餐

pilet

票

lift

電梯

postmark

郵票

riigipiir

邊界

toll

海關

saatkond

大使館

viisa

簽證

pass

護照

transport
交通運送

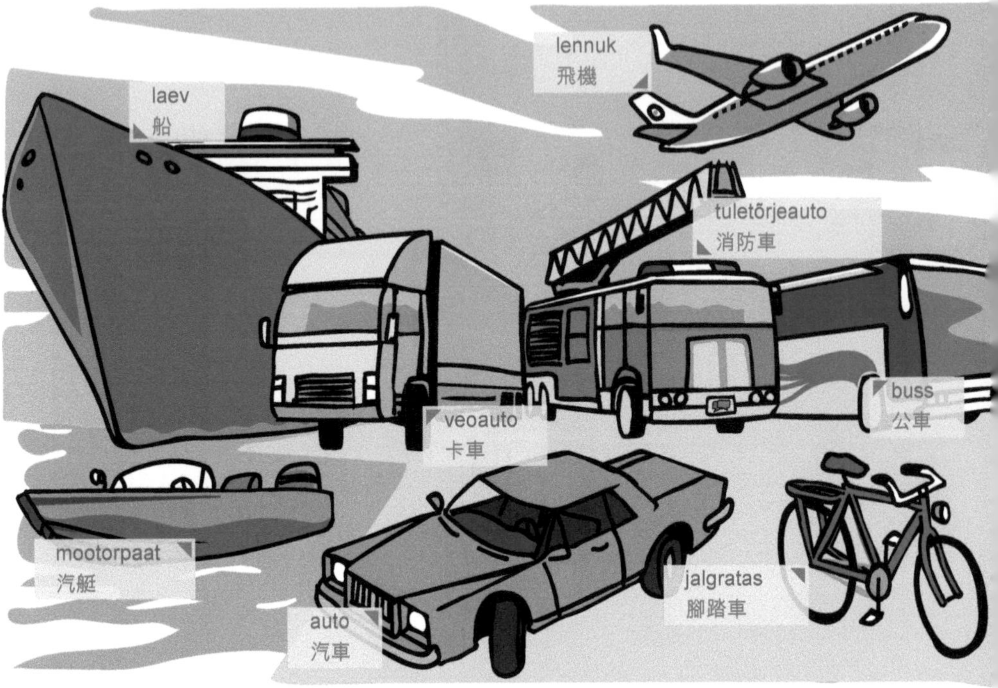
lennuk
飛機
laev
船
tuletõrjeauto
消防車
buss
公車
veoauto
卡車
mootorpaat
汽艇
jalgratas
腳踏車
auto
汽車

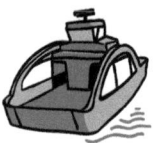

praam

渡輪

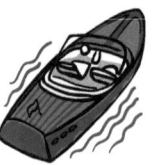

paat

小船

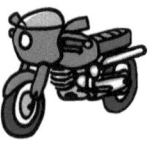

mootorratas

機車

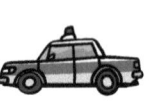

politseiauto

警車

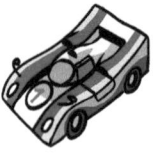

võidusõiduauto

賽車

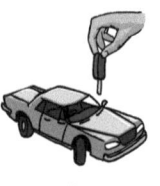

rendiauto

租車

ühisauto

拼車

puksiirauto

拖車

prügiauto

垃圾車

mootor

馬達

kütus

汽油

tankla

加油站

liiklusmärk

交通標識

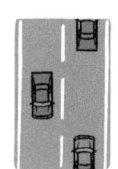

liiklus

交通

liiklusummik

交通堵塞

parkla

停車場

raudteejaam

火車站

rööpad

軌道

rong

火車

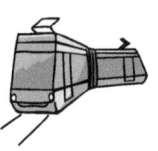

tramm

路面電車

vagun

客車廂

transport - 交通運送

helikopter

直升機

lennujaam

機場

torn

塔

reisija

乘客

konteiner

集裝箱

pappkast

紙板箱

käru

手推車

korv

籃子

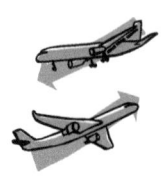

õhku tõusma / maanduma

起飛/降落

linn

城市

küla

村莊

kesklinn

市中心

maja

房子

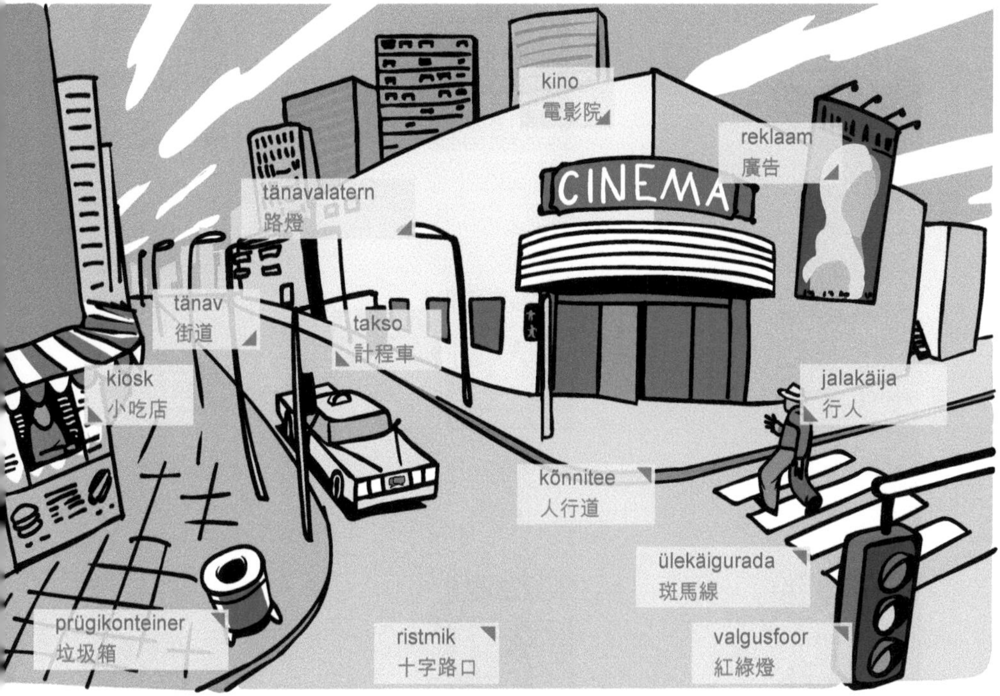

kino
電影院
reklaam
廣告
CINEMA
tänavalatern
路燈
tänav
街道
takso
計程車
kiosk
小吃店
jalakäija
行人
kõnnitee
人行道
ülekäigurada
斑馬線
prügikonteiner
垃圾箱
ristmik
十字路口
valgusfoor
紅綠燈

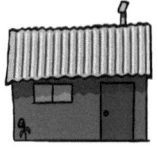

osmik

小屋

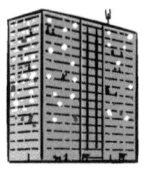

kortermaja

公寓

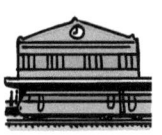

raudteejaam

火車站

raekoda

市政廳

MUSEUM

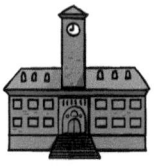

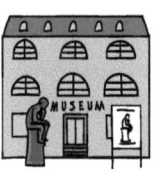

muuseum

博物館

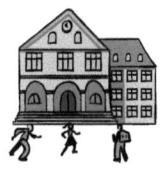

kool

學校

ülikool

大學

pank

銀行

haigla

醫院

hotell

飯店

apteek

藥房

kontor

辦公室

raamatupood

書店

kauplus

商店

lillepood

花店

supermarket

超市

turg

市場

kaubamaja

百貨商店

kalapood

魚店

kaubanduskeskus

購物中心

sadam

海港

park

公園

pink

長凳

sild

橋

trepp

樓梯

metroo

捷運

tunnel

隧道

bussipeatus

公車站

baar

酒吧

restoran

餐館

postkast

郵筒

tänavasilt

路標

parkimisautomaat

停車計時器

loomaaed

動物園

ujula

游泳池

mošee

清真寺

talu

農場

reostus

污染

surnuaed

墓地

kirik

教堂

mänguväljak

操場

tempel

寺廟

maastik

地形

leht
樹葉

teeviit
指示牌

tee
路

aas
草地

kivi
石頭

puu
樹

matkaja
徒步旅行者

jõgi
河

rohi
草

lill
花

org

峽谷

mägi

丘陵

järv

湖

mets

森林

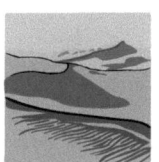

kõrb

沙漠

vulkaan

火山

linnus

城堡

vikerkaar

彩虹

seen

蘑菇

palm

棕櫚樹

sääsk

蚊子

kärbes

蒼蠅

sipelgas

螞蟻

mesilane

蜜蜂

ämblik

蜘蛛

mardikas

甲蟲

konn

青蛙

orav

松鼠

siil

刺蝟

jänes

野兔

öökull

貓頭鷹

lind

鳥

luik

天鵝

metssiga

野豬

hirv

鹿

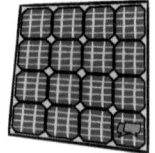

põder

麋鹿

pais

水壩

tuuleturbiin

風力發電機

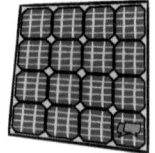

päikesepaneel

太陽能電池板

kliima

氣候

kelner
服務生

menüü
菜譜

tool
椅子

supp
湯

pitsa
披薩餅

söögiriistad
餐具

laudlina
桌布

eelroog

前菜

pearoog

主菜

magustoit

甜點

joogid

飲料

toit

食物

pudel

瓶子

kiirtoit

速食

tänavatoit

街邊小吃

teekann

茶壺

suhkrutoos

糖盒

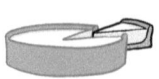

portsjon

一份飯菜

espressomasin

義式咖啡機

lastetool

高腳椅

arve

帳單

kandik

托盤

nuga

刀

kahvel

餐叉

lusikas

勺子

teelusikas

茶匙

salvrätik

餐巾

klaas

玻璃杯

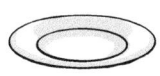

taldrik

碟子

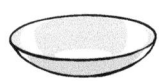

supitaldrik

湯盤

alustass

碟子

kaste

醬

soolatoos

鹽瓶

pipraveski

胡椒研磨罐

äädikas

醋

õli

食用油

vürtsid

調味料

ketšup

番茄醬

sinep

芥末

majonees

美乃滋

supermarket

超市

eripakkumine
特價
FOR
klient
顧客
piimatooted
乳製品
puuviljad
水果
ostukäru
購物車

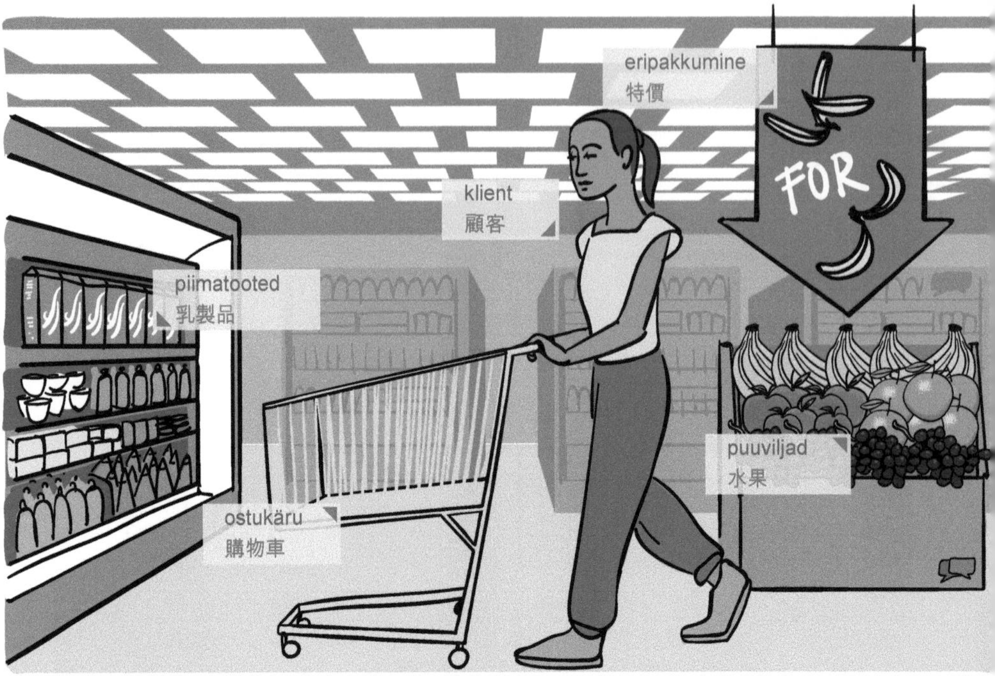

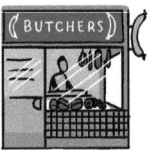

BUTCHERS

lihapood
肉鋪

BAKERY

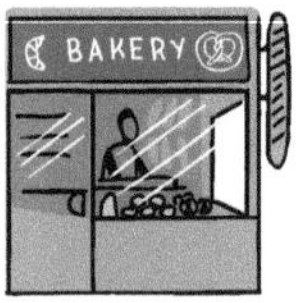

pagariäri
麵包店

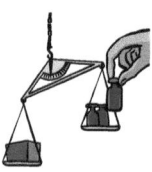

kaaluma
稱重

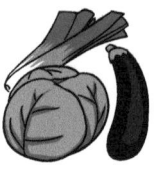

köögiviljad
蔬菜

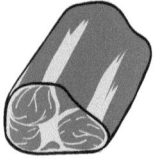

liha
肉

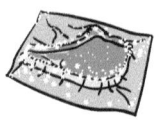

külmutatud toit
冷凍食品

lihalõigud

冷盤

konservid

罐頭食品

pesupulber

洗衣粉

maiustused

甜食

majatarbed

日用品

puhastustooted

清潔用品

müüja

銷售員

kassaaparaat

收銀機

kassapidaja

收銀員

ostunimekiri

購物清單

lahtiolekuajad

開放時間

rahakott

錢包

krediitkaart

信用卡

kott

袋子

kilekott

塑膠袋

vesi

水

mahl

果汁

piim

牛奶

koola

可樂

vein

紅酒

õlu

啤酒

alkohol

酒

kakao

可可

tee

茶

kohv

咖啡

espresso

義式濃縮咖啡

cappuccino

卡布奇諾

banaan

香蕉

õun

蘋果

apelsin

柳丁

arbuus

西瓜

sidrun

檸檬

porgand

胡蘿蔔

küüslauk

大蒜

bambus

竹子

sibul

洋蔥

seen

蘑菇

pähklid

堅果

nuudlid

麵條

spagetid

義大利麵

riis

米飯

salat

沙拉

friikartulid

薯條

praekartulid

炸馬鈴薯

pitsa

披薩餅

hamburger

漢堡

võileib

三明治

šnitsel

炸豬排

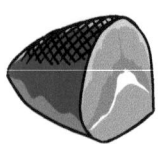

sink

火腿

salaami

義大利臘腸

vorst

香腸

kana

雞肉

praeliha

烤肉

kala

魚

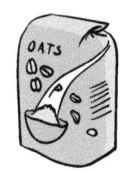

kaerahelbed

燕麥片

müsli

木斯里

maisihelbed

玉米片

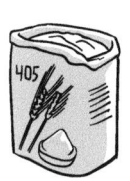

jahu

麵粉

sarvesai

牛角麵包

kukkel

麵包捲

leib

麵包

röstsai

吐司

küpsised

餅乾

või

奶油

kohupiim

凝乳

kook

蛋糕

muna

蛋

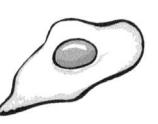

praemuna

煎蛋

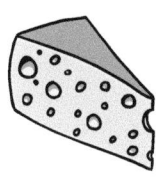

juust

起司

jäätis

冰淇淋

suhkur

糖

mesi

蜂蜜

moos

果醬

pähklivõie

巧克力醬

karri

咖哩

talu
農場

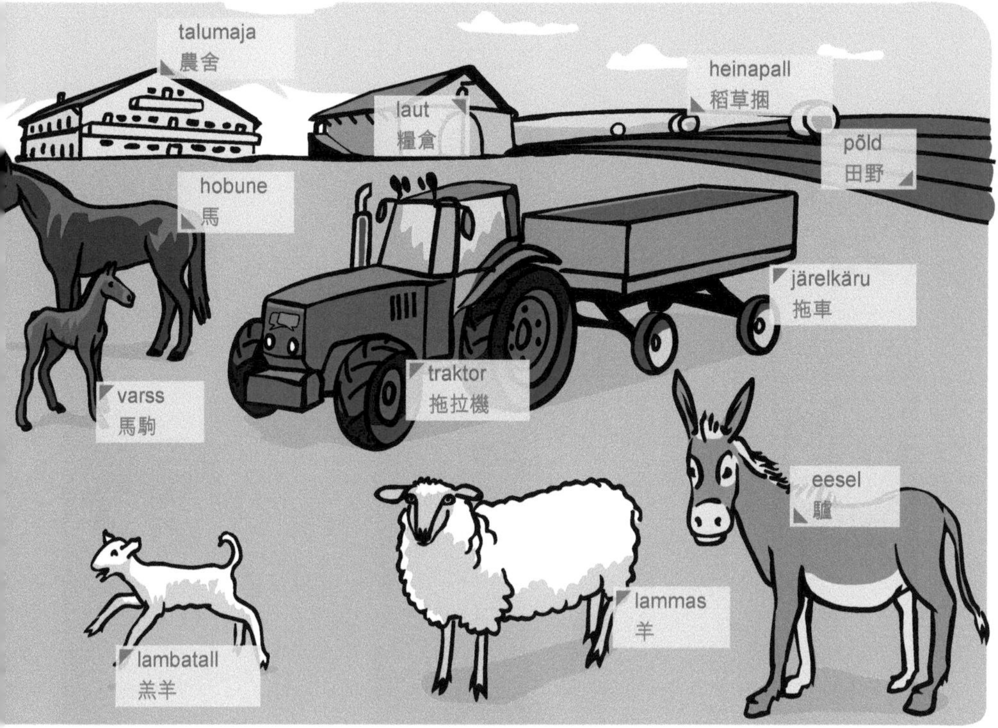
talumaja
農舍
laut
糧倉
heinapall
稻草捆
põld
田野
hobune
馬
järelkäru
拖車
traktor
拖拉機
varss
馬駒
eesel
驢
lammas
羊
lambatall
羔羊

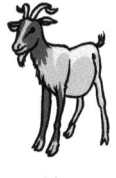

kits

山羊

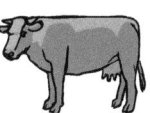

lehm

奶牛

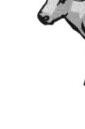

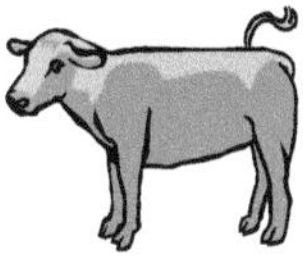

vasikas

小牛

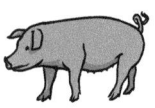

siga

豬

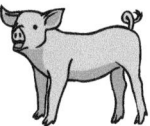

põrsas

小豬

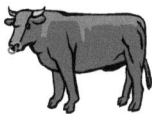

pull

公牛

hani

鵝

part

鴨

tibu

小雞

kana

母雞

kukk

公雞

rott

鼠

kass

貓

hiir

老鼠

härg

牛

koer

狗

koerakuut

狗屋

aiavoolik

花園澆水軟管

kastekann

澆水壺

vikat

長柄大鐮刀

ader

犁

sirp

鐮刀

kõblas

鋤頭

hang

長柄草耙

kirves

斧頭

käru

獨輪手推車

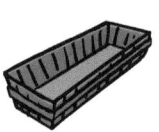

küna

飼料槽

piimanõu

牛奶罐

kott

麻布袋

tara

柵欄

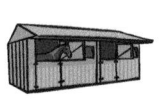

tall

馬廄

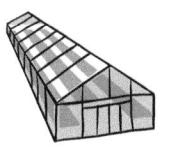

kasvuhoone

溫室

muld

土壤

seeme

種子

väetis

肥料

kombain

聯合收割機

saaki koristama

收割

saagikoristus

收割

jamss

地瓜

nisu

小麥

soja

大豆

kartul

土豆

mais

玉米

raps

油菜籽

viljapuu

果樹

maniokk

樹薯

teravili

穀物

maja
房子

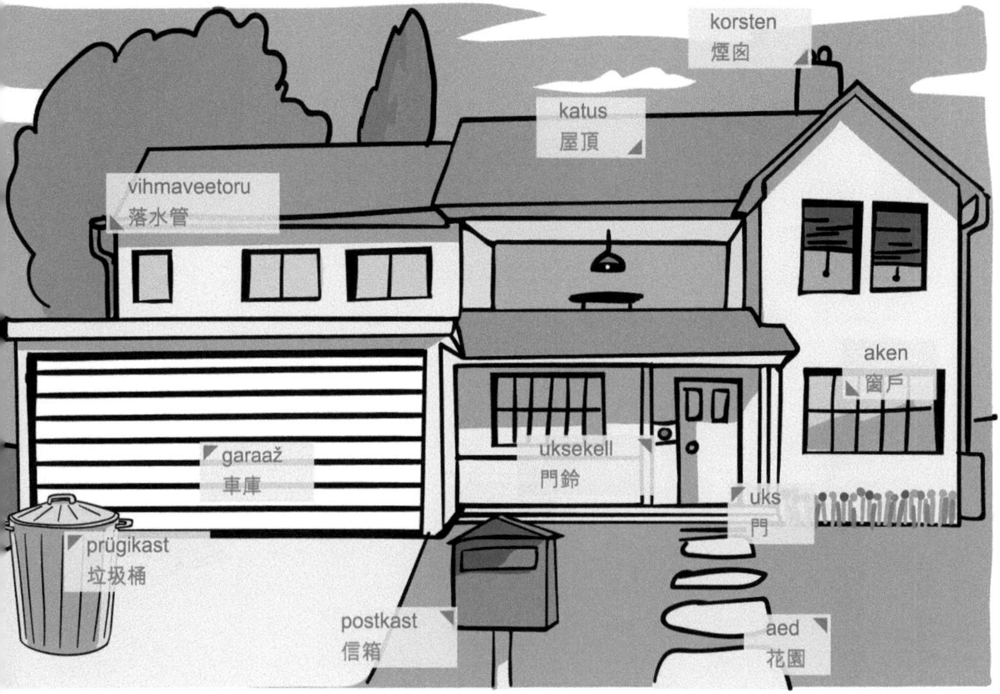
korsten
煙囪
katus
屋頂
vihmaveetoru
落水管
aken
窗戶
uksekell
門鈴
garaaž
車庫
uks
門
prügikast
垃圾桶
postkast
信箱
aed
花園

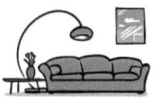

elutuba
客廳

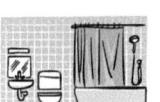

vannituba
浴室

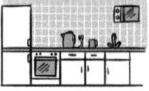

köök
廚房

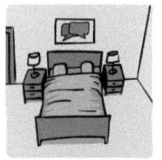

magamistuba
臥室

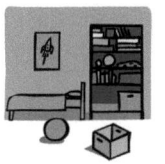

lastetuba
兒童房

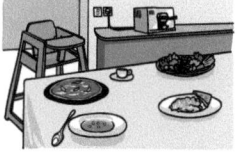

söögituba
餐廳

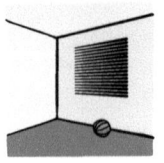

põrand

地板

sein

牆壁

lagi

天花板

kelder

地窖

saun

三溫暖

rõdu

陽臺

terrass

露臺

bassein

游泳池

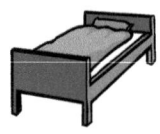

muruniiduk

割草機

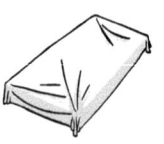

voodilina

被單

päevatekk

床罩

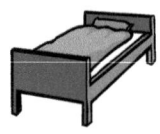

voodi

床

luud

掃帚

ämber

水桶

lüliti

開關

elutuba
客廳

tapeet
壁紙
pilt
相片
lamp
檯燈
riiul
擱架
kapp
櫥櫃
televiisor
電視
kamin
壁爐
lill
花
padi
墊子
diivan
沙發
vaas
花瓶
kaugjuhtimispult
遙控器

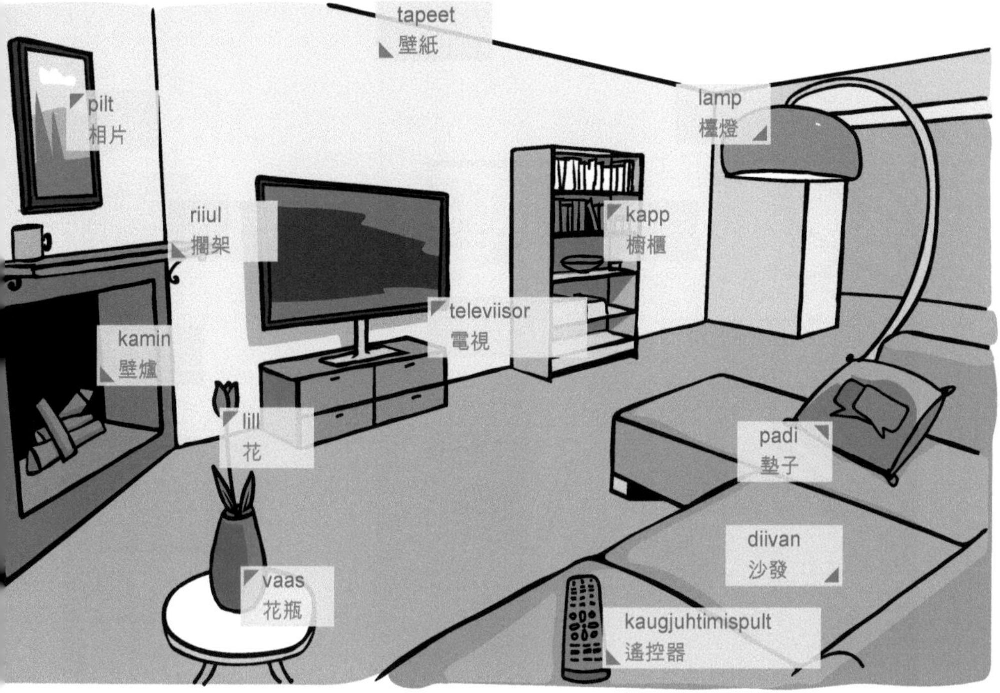

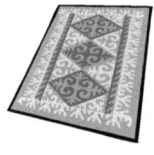

vaip
地毯

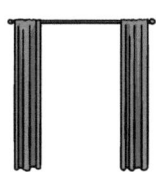

kardin
窗簾

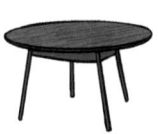

laud
餐桌

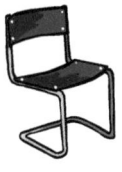

tool
椅子

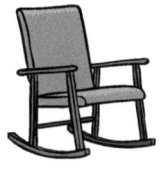

kiiktool
搖椅

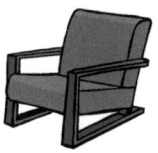

tugitool
扶手椅

raamat

書

tekk

毯子

kaunistus

裝飾品

küttepuud

木柴

film

電影

helisüsteem

高傳真音響

võti

鑰匙

ajaleht

報紙

maal

油畫

plakat

海報

raadio

收音機

märkmik

筆記本

tolmuimeja

吸塵器

kaktus

仙人掌

küünal

蠟燭

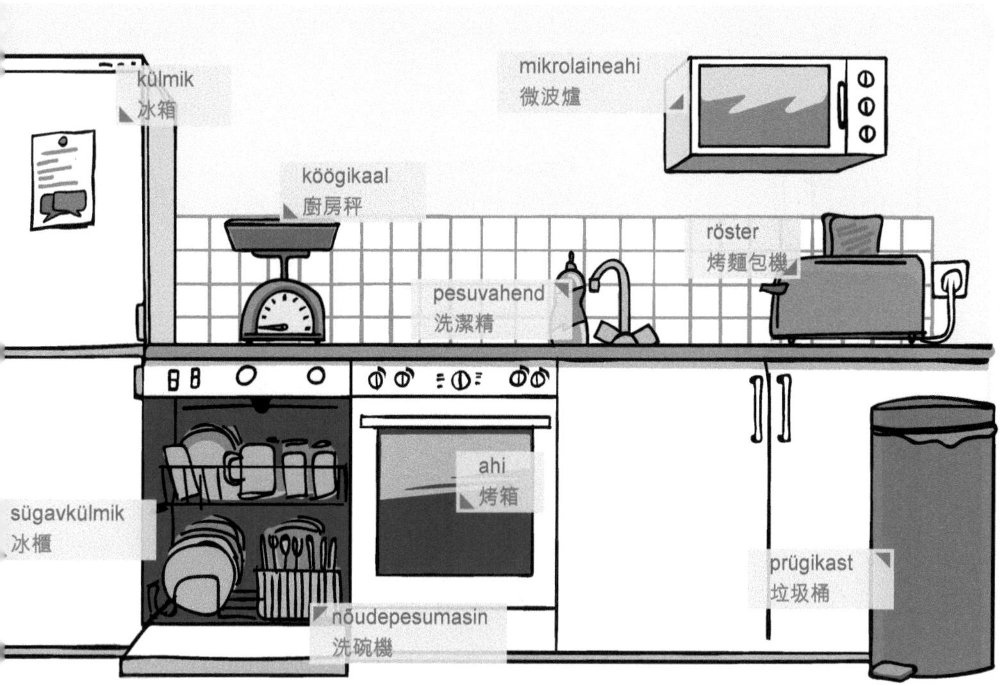

külmik
冰箱

mikrolaineahi
微波爐

köögikaal
廚房秤

röster
烤麵包機

pesuvahend
洗潔精

ahi
烤箱

sügavkülmik
冰櫃

prügikast
垃圾桶

nõudepesumasin
洗碗機

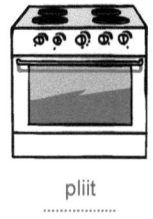

pliit
炊具

pott
鍋

malmpott
鑄鐵鍋

vokkpann
炒鍋

pann
平底鍋

veekeetja
水壺

aurutaja

蒸鍋

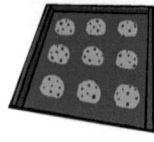

küpsetusplaat

烤盤

lauanõud

陶瓷鍋

kruus

馬克杯

kauss

碗

söögipulgad

筷子

kulp

長柄勺

pannilabidas

鏟子

vispel

攪拌器

kurn

濾網

sõel

篩子

riiv

磨碎機

uhmer

研缽

grill

燒烤

lahtine tuli

明火

lõikelaud

菜板

tainarull

擀麵杖

korgitser

開瓶器

konservipurk

罐子

konserviavaja

開罐器

pajakinnas

隔熱手套

kraanikauss

水槽

hari

刷子

pesukäsn

海綿

kannmikser

攪拌機

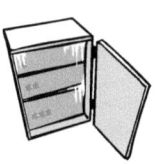

sügavkülmuti

冷藏箱

lutipudel

奶瓶

segisti

水龍頭

köök - 廚房

vannituba

浴室

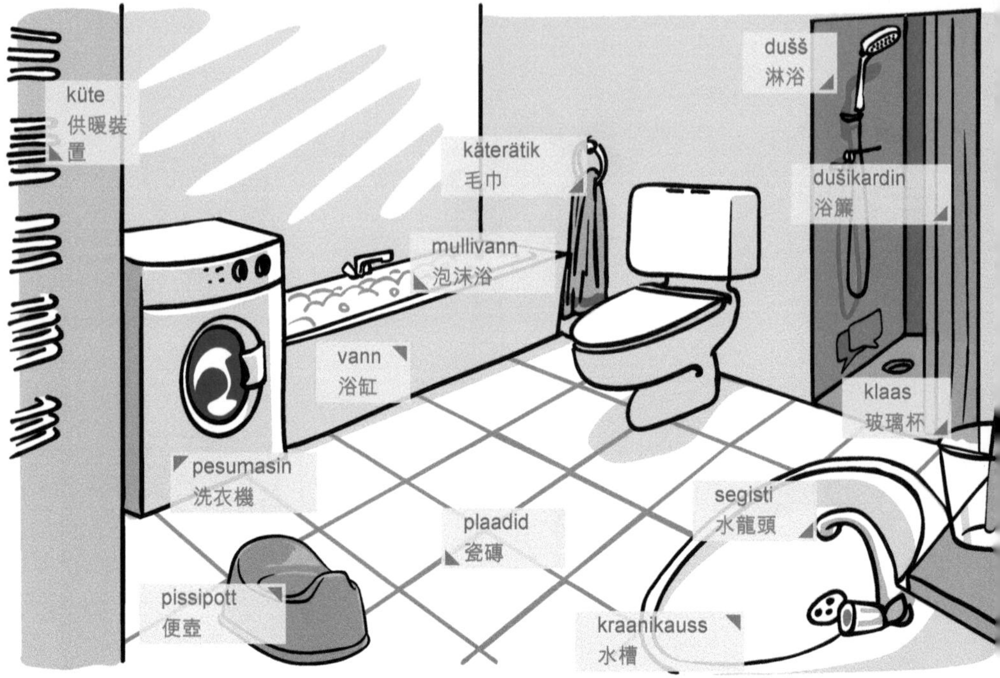

küte
供暖裝置
käterätik
毛巾
dušš
淋浴
dušikardin
浴簾
mullivann
泡沫浴
vann
浴缸
klaas
玻璃杯
pesumasin
洗衣機
segisti
水龍頭
plaadid
瓷磚
pissipott
便壺
kraanikauss
水槽

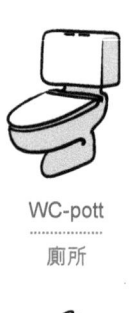

WC-pott
廁所

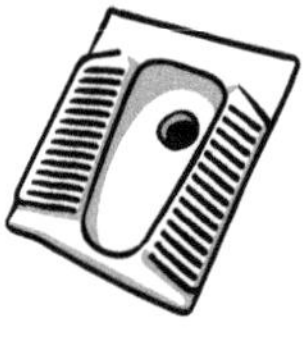

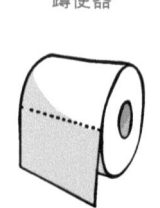

kükitamistualett
蹲便器

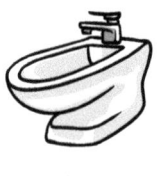

bidee
坐浴器

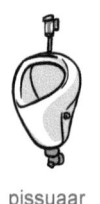

pissuaar
小便斗

tualettpaber
廁紙

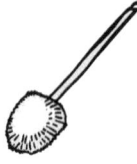

WC-hari
馬桶刷

hambahari

牙刷

hambapasta

牙膏

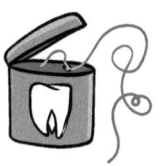

hambaniit

牙線

pesema

洗

käsidušš

手持式蓮蓬頭

intiimdušš

沖洗器

pesukauss

洗臉盆

seljahari

洗背刷

seep

肥皂

dušigeel

沐浴露

šampoon

洗髮乳

vamm

法蘭絨

äravool

排水

kreem

乳霜

deodorant

除臭劑

peegel

鏡子

käsipeegel

手鏡

habemenuga

刮鬍刀

raseerimisvaht

刮鬍泡沫

habemevesi

鬍後水

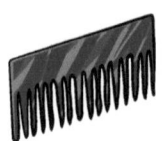

kamm

梳子

hari

刷子

föön

吹風機

juukselakk

噴髮定型劑

meigikomplekt

化妝品

huulepulk

唇膏

küünelakk

指甲油

vatt

化妝棉

küünekäärid

指甲剪

parfüüm

香水

tualett-tarvete kott

洗漱包

taburet

凳子

kaal

計重秤

hommikumantel

浴袍

kummikindad

橡膠手套

tampoon

衛生棉條

hügieeniside

衛生棉

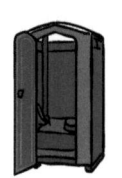

keemiline tualett

化學廁所

lastetuba

兒童房

äratuskell
鬧鐘
pehme mänguasi
毛絨玩具
mänguauto
玩具車
kõristi
撥浪鼓
nukumaja
玩具屋
kingitus
禮物

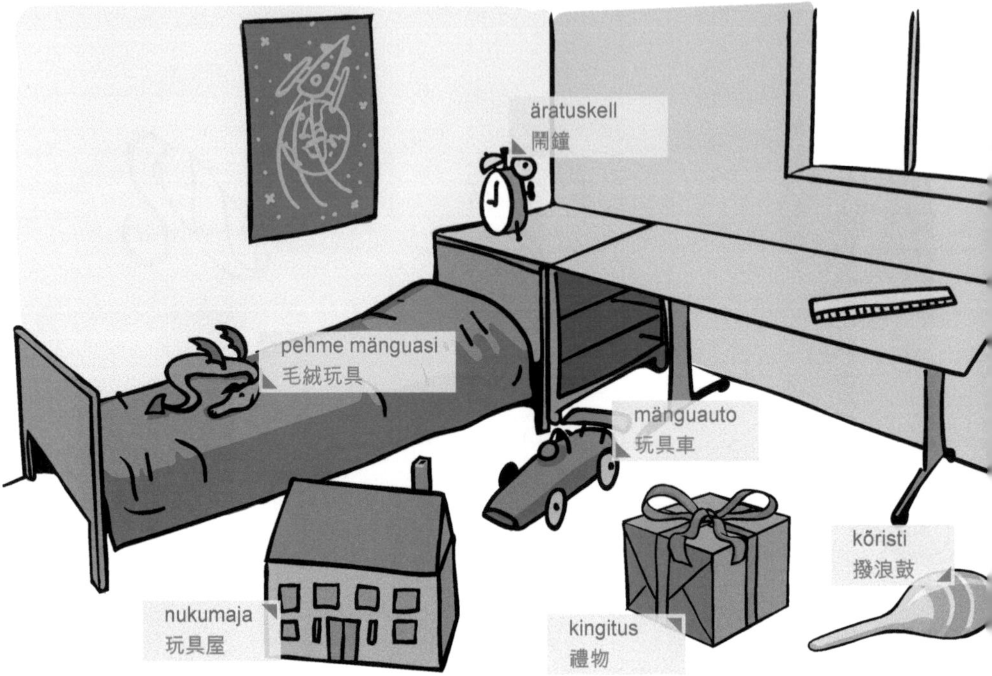

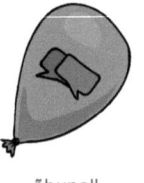

õhupall

氣球

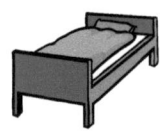

voodi

床

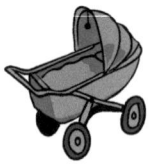

lapsevanker

嬰兒車

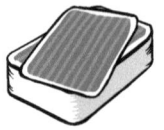

kaardipakk

撲克牌

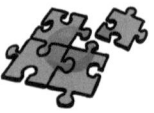

pusle

拼圖

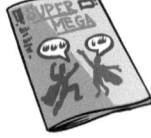

koomiks

漫畫

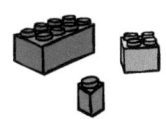

Lego klotsid

樂高積木

klotsid

積木玩具

kujuke

公仔

siputuspüksid

嬰兒服

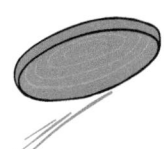

lendav taldrik

飛盤

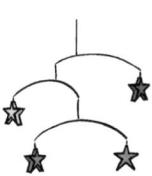

voodikarussell

床鈴玩具

lauamäng

棋盤遊戲

täringud

骰子

mudelrong

火車模型

lutt

安撫奶嘴

pidu

派對

pildiraamat

繪本

pall

球

nukk

洋娃娃

mängima

玩

liivakast

沙坑

kiik

鞦韆

mänguasjad

玩具

mängukonsool

電玩遊戲

kolmerattaline jalgratas

三輪車

mängukaru

泰迪熊

riidekapp

衣櫃

riietus

衣服

sokid

襪子

sukad

長襪

sukkpüksid

緊身褲

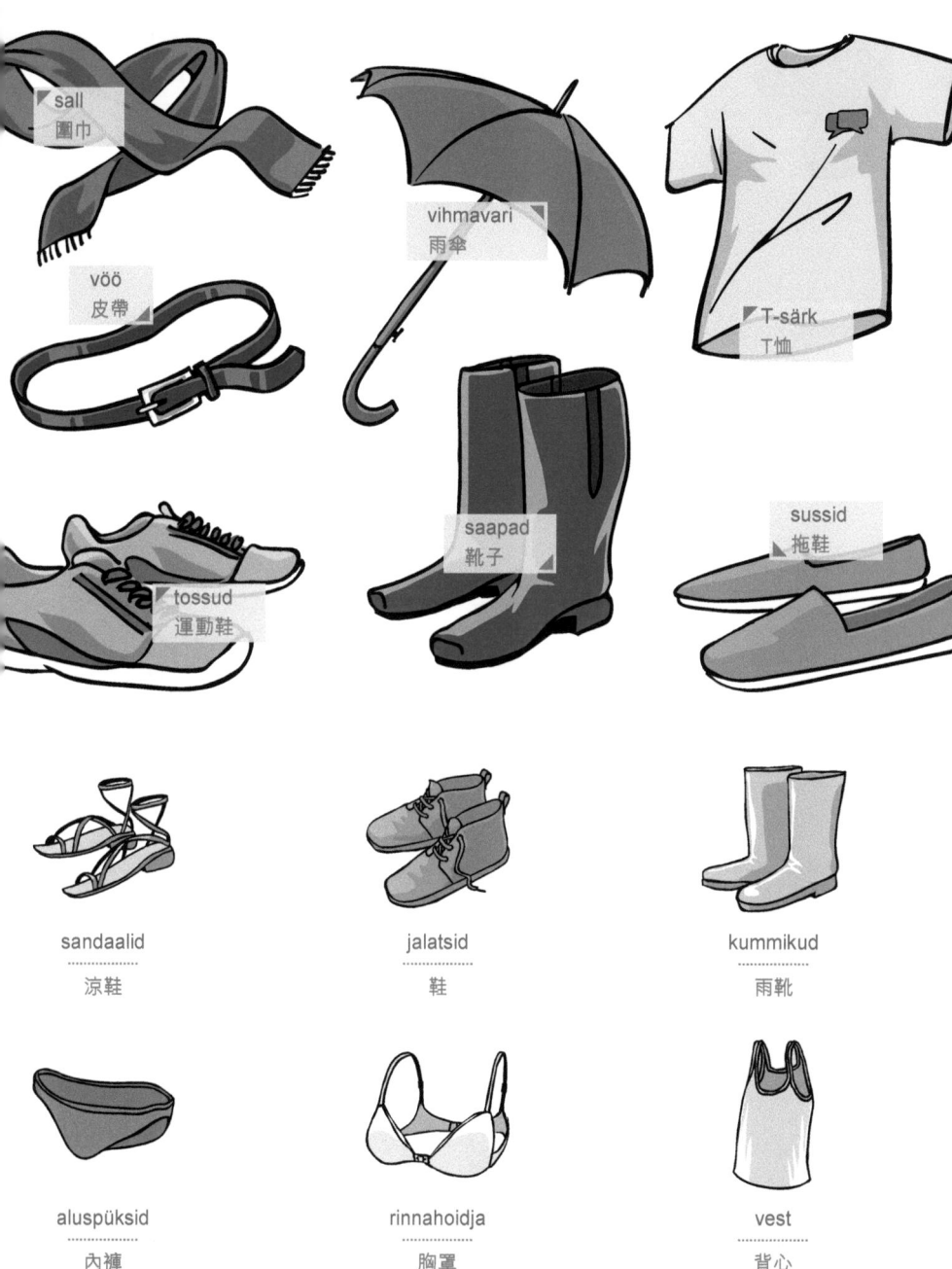

sall
圍巾

vöö
皮帶

vihmavari
雨傘

T-särk
T恤

tossud
運動鞋

saapad
靴子

sussid
拖鞋

sandaalid

涼鞋

jalatsid

鞋

kummikud

雨靴

aluspüksid

內褲

rinnahoidja

胸罩

vest

背心

bodi

身體

püksid

褲子

teksapüksid

牛仔褲

seelik

短裙

pluus

女式襯衫

särk

襯衫

sviiter

套頭衫

dressipluus

連帽上衣

bleiser

西裝夾克

jakk

夾克

mantel

外套

vihmamantel

雨衣

kostüüm

套裝

kleit

連衣裙

pulmakleit

婚紗

ülikond
西裝

öösärk
睡袍

pidžaama
睡衣

sari
莎麗

pearätt
頭巾

turban
包頭巾

burka
波卡

kaftan
卡夫坦

abayah
(阿拉伯式)長袍

ujumistrikoo
泳衣

ujumispüksid
男式泳褲

lühikesed püksid
短褲

dressid
運動服

põll
圍裙

kindad
手套

nööp

鈕扣

prillid

眼鏡

käevõru

手鏈

kaelakee

項鍊

sõrmus

戒指

kõrvarõngas

耳環

nokamüts

便帽

riidepuu

衣架

kaabu

帽子

lips

領帶

tõmblukk

拉鍊

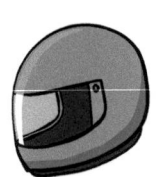

kiiver

安全帽

traksid

背帶

koolivorm

校服

vormirõivad

制服

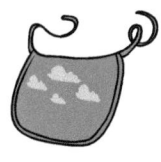

pudipõll

圍兜

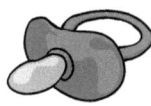

lutt

安撫奶嘴

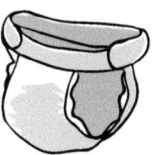

mähe

尿布

kontor

辦公室

server
伺服器
arhiivikapp
檔案櫃
printer
印表機
paber
紙
monitor
螢幕
hiir
滑鼠
kirjutuslaud
辦公桌
kaust
資料夾
klaviatuur
鍵盤
paberikorv
廢紙簍
arvuti
電腦
tool
椅子

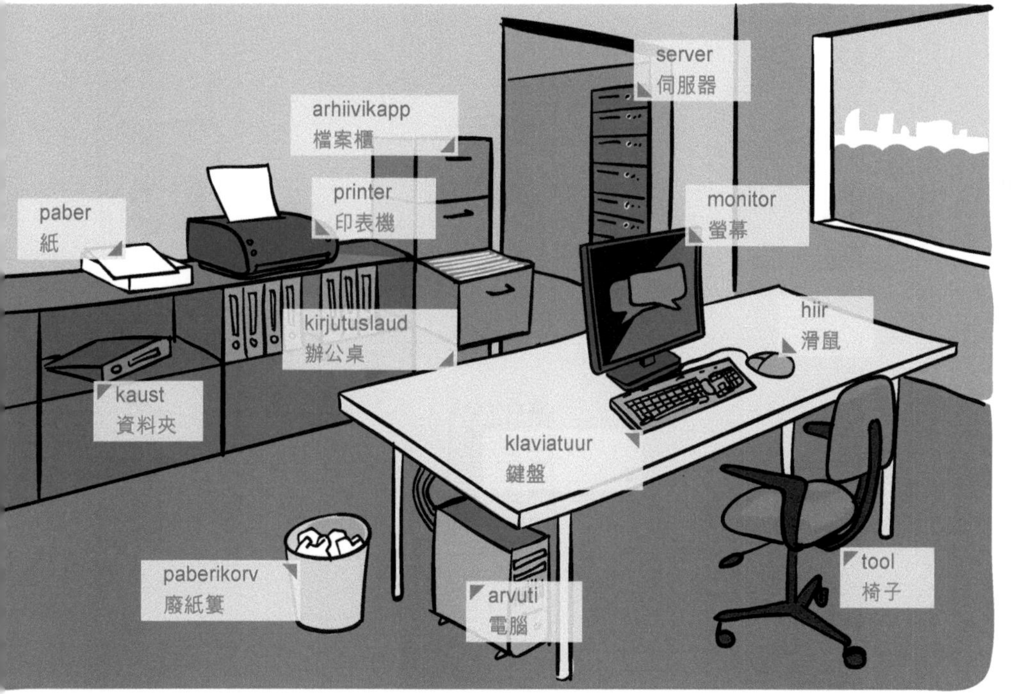

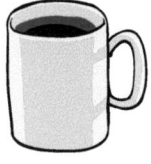

kohvikruus

咖啡杯

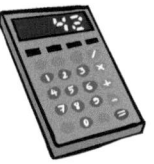

kalkulaator

計算機

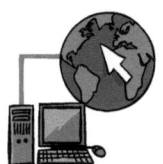

internet

網際網路

sülearvuti

筆記型電腦

kiri

信件

sõnum

簡訊

mobiiltelefon

行動電話

võrk

網路

koopiamasin

影印機

tarkvara

軟體

telefon

電話

pistikupesa

插座

faksimasin

傳真機

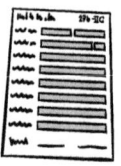

vorm

表格

dokument

檔案

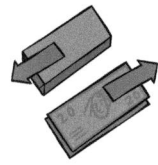

ostma

買

maksma

付錢

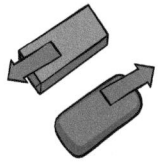

vahetama

交易

raha

現金

dollar

美元

euro

歐元

jeen

日元

rubla

盧布

Šveitsi frank

瑞士法郎

renminbi jüaan

人民幣

ruupia

盧比

sularahaautomaat

提款處

valuutavahetuspunkt

外幣兌換處

kuld

金

hõbe

銀

nafta

石油

energia

能源

hind

價格

leping

合約

maks

稅金

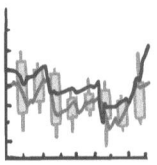

aktsia

股票

töötama

工作

töötaja

職員

tööandja

老闆

tehas

工廠

kauplus

商店

ametid
職業

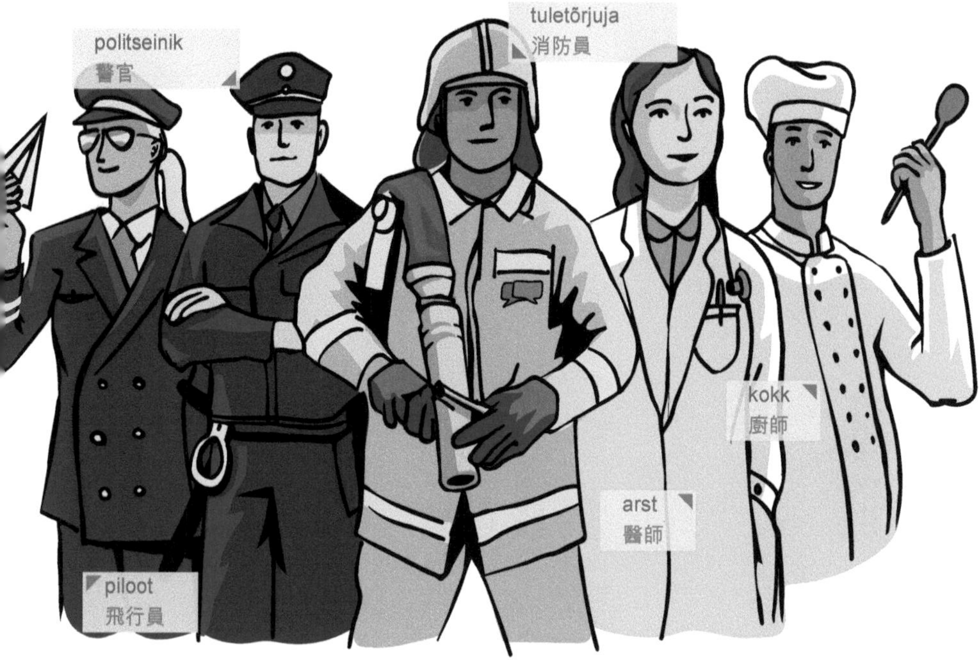
tuletõrjuja
消防員
politseinik
警官
kokk
廚師
arst
醫師
piloot
飛行員

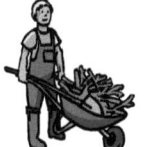

aednik

園丁

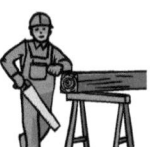

puusepp

木匠

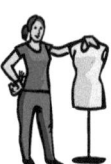

õmbleja

裁縫

kohtunik

法官

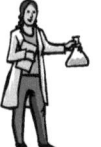

keemik

化學家

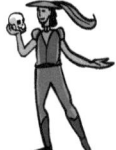

näitleja

演員

bussijuht

公車司機

taksojuht

計程車司機

kalamees

漁夫

koristaja

清洗女工

katusepaigaldaja

屋頂工

kelner

服務生

jahimees

獵人

maaler

畫家

pagar

麵包師

elektrik

電工

ehitaja

建築工人

insener

工程師

lihunik

屠夫

torumees

水管工

postiljon

郵差

sõdur

士兵

arhitekt

建築師

kassapidaja

收銀員

lillemüüja

花農

juuksur

理髮師

piletikontrolör

售票員

mehaanik

機械技師

kapten

船長

hambaarst

牙醫

teadlane

科學家

rabi

拉比

imaam

伊瑪目

munk

和尚

preester

牧師

tööriistad
工具

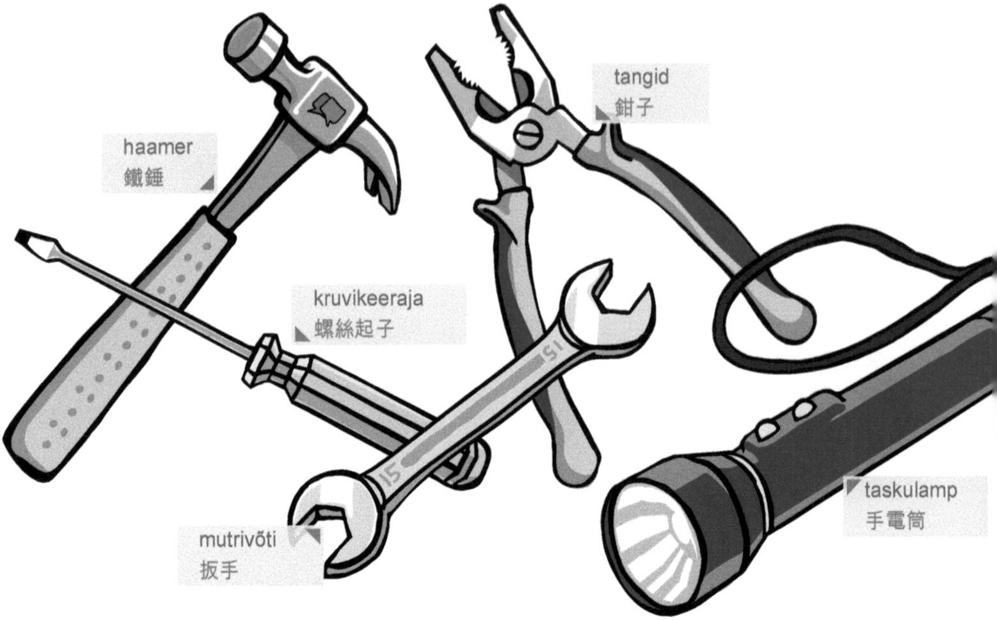
haamer
鐵錘
tangid
鉗子
kruvikeeraja
螺絲起子
mutrivõti
扳手
taskulamp
手電筒

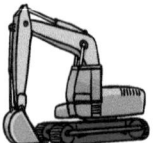

ekskavaator
挖掘機

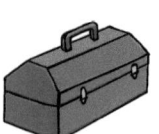

tööriistakast
工具箱

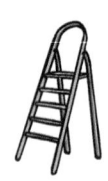

redel
梯子

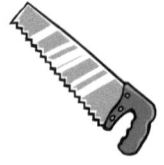

saag
鋸子

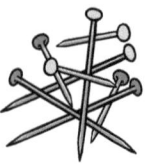

naelad
釘子

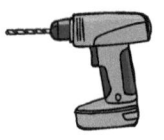

trell
鑽機

parandama
修

labidas
鏟子

Põrgusse!
糟糕！

kühvel
畚箕

värvipott
油漆桶

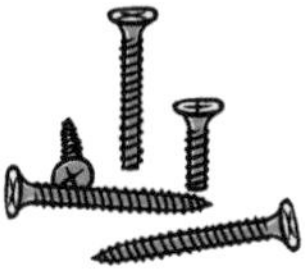

kruvid
螺絲

pillid
樂器

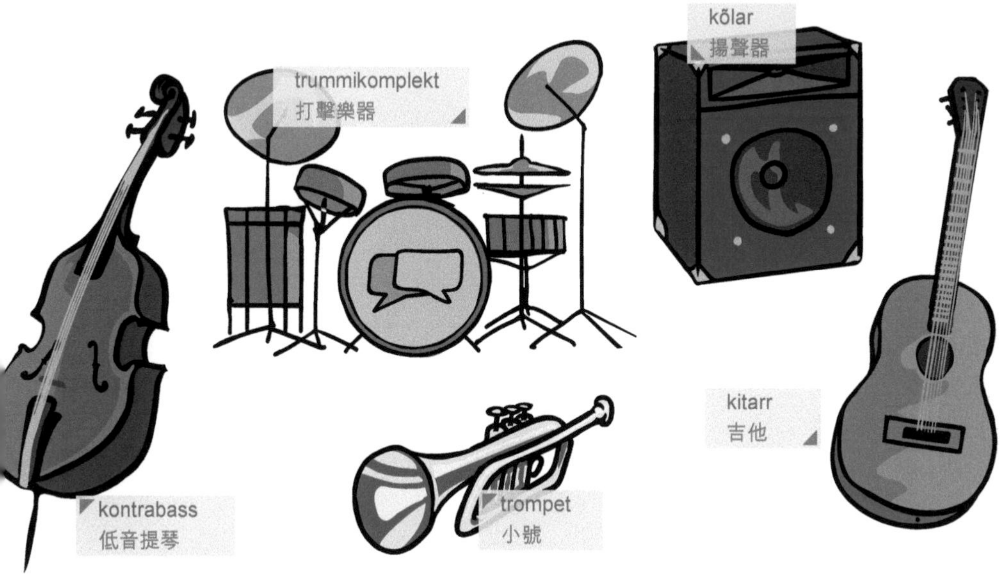

trummikomplekt
打擊樂器

kõlar
揚聲器

kitarr
吉他

kontrabass
低音提琴

trompet
小號

klaver

鋼琴

viiul

小提琴

bass

貝斯

timpan

定音鼓

trummid

鼓

süntesaator

電子琴

saksofon

薩克斯風

flööt

長笛

mikrofon

麥克風

tiiger
老虎

puur
籠子

sebra
斑馬

loomasööt
動物飼料

sissepääs
入口

panda
熊貓

loomad

動物

elevant

大象

känguru

袋鼠

ninasarvik

犀牛

gorilla

大猩猩

karu

熊

kaamel

駱駝

jaanalind

鴕鳥

lõvi

獅子

ahv

猴子

flamingo

紅鶴

papagoi

鸚鵡

jääkaru

北極熊

pingviin

企鵝

hai

鯊魚

paabulind

孔雀

madu

蛇

krokodill

鱷魚

loomaaiatalitaja

動物園管理員

hüljes

海豹

jaaguar

美洲豹

poni

矮種馬

leopard

豹

jõehobu

河馬

kaelkirjak

長頸鹿

kotkas

老鷹

metssiga

野豬

kala

魚

kilpkonn

龜

morsk

海象

rebane

狐狸

gasell

羚羊

Ameerika jalgpall
橄欖球

jalgrattasõit
騎腳踏車

tennis
網球

korvpall
籃球

ujumine
游泳

poksimine
拳擊

jäähoki
冰球

jalgpall

美式足球

sulgpall

羽毛球

kergejõustik

田徑

käsipall

手球

suusatamine

滑雪

polo

馬球

naerma
笑

hüppama
跳

kallistama
擁抱

jalutama
走路

laulma
唱

unistama
做夢

palvetama
祈禱

suudlema
親吻

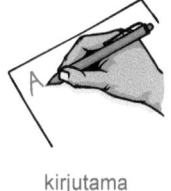

kirjutama
書寫

joonistama
畫

näitama
展示

lükkama
推

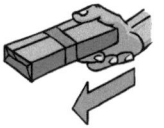

andma
給

võtma
拿

omama

有

tegema

做

olema

當

seisma

站

jooksma

跑

tõmbama

拉

viskama

丟

kukkuma

摔倒

lamama

躺

ootama

等待

kandma

攜帶

istuma

坐

riidesse panema

穿衣

magama

睡覺

ärkama

醒來

vaatama

看

nutma

哭

paitama

擊

kammima

梳頭

rääkima

交談

aru saama

明白

küsima

問

kuulama

聽

jooma

喝

sööma

吃

korrastama

清理

armastama

愛

süüa tegema

做飯

sõitma

開車

lendama

飛

purjetama

航行

arvutama

計算

lugema

讀

õppima

學習

töötama

工作

abielluma

結婚

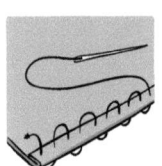

õmblema

縫

hambaid pesema

刷牙

tapma

殺

suitsetama

抽菸

saatma

寄

perekond

家

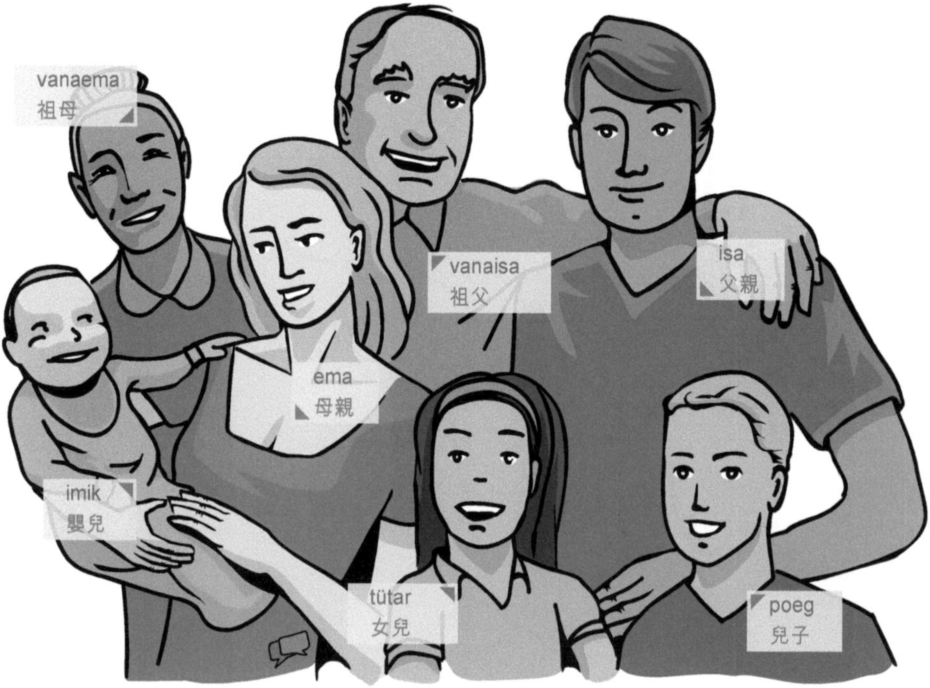

vanaema
祖母
vanaisa
祖父
isa
父親
ema
母親
imik
嬰兒
tütar
女兒
poeg
兒子

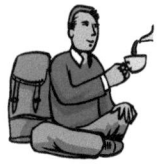

külaline

客人

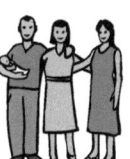

tädi

阿姨

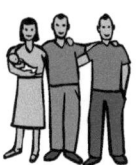

onu

叔叔

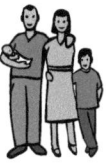

vend

兄弟

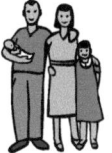

õde

姐妹

keha

身體

otsmik
前額
silm
眼睛
nägu
臉
lõug
下巴
sõrm
手指
käsi
手
rind
乳房
käsivars
手臂
õlg
肩膀
jalg
腿

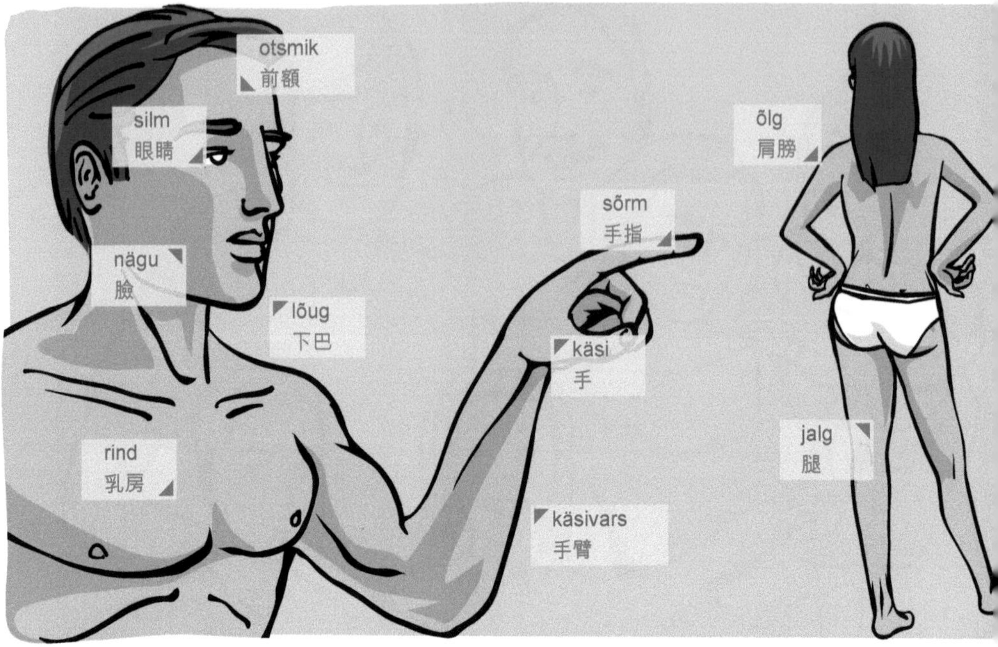

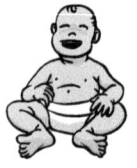

imik

嬰兒

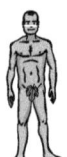

mees

男人

naine

女人

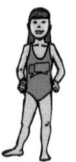

tüdruk

女孩

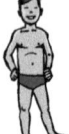

poiss

男孩

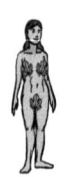

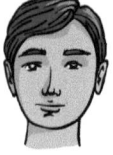

pea

頭

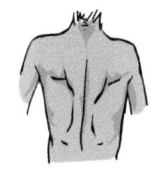

selg

背部

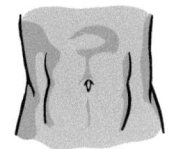

kõht

肚子

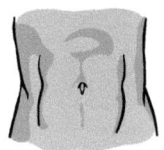

naba

肚臍

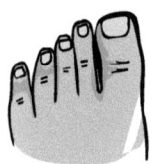

varvas

腳趾

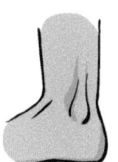

kand

腳後跟

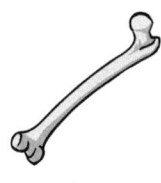

luu

骨頭

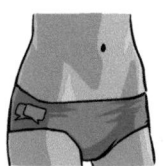

puus

臀部

põlv

膝蓋

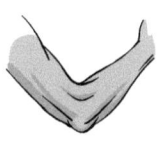

küünarnukk

手肘

nina

鼻子

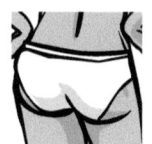

tagumik

屁股

nahk

皮膚

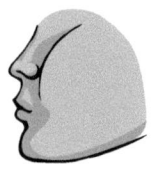

põsk

臉頰

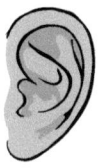

kõrv

耳朵

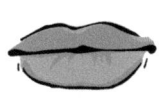

huuled

嘴唇

suu

嘴

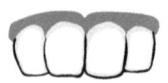

hammas

牙齒

keel

舌頭

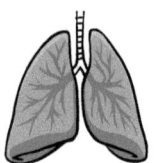

aju

腦

süda

心臟

lihas

肌肉

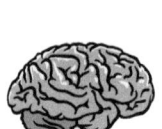

kops

肺

maks

肝臟

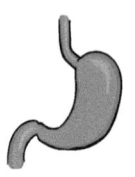

magu

胃

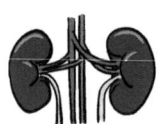

neerud

腎臟

seksuaalvahekord

性交

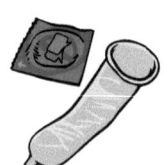

kondoom

保險套

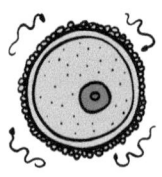

munarakk

卵子

sperma

精子

rasedus

懷孕

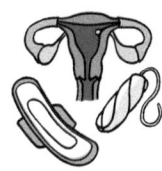

menstruatsioon
月事

vagiina
陰道

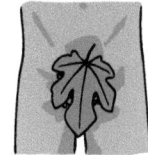

peenis
陰莖

kulm
眉毛

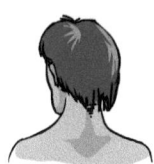

juuksed
頭髮

kael
脖子

haigla

醫院

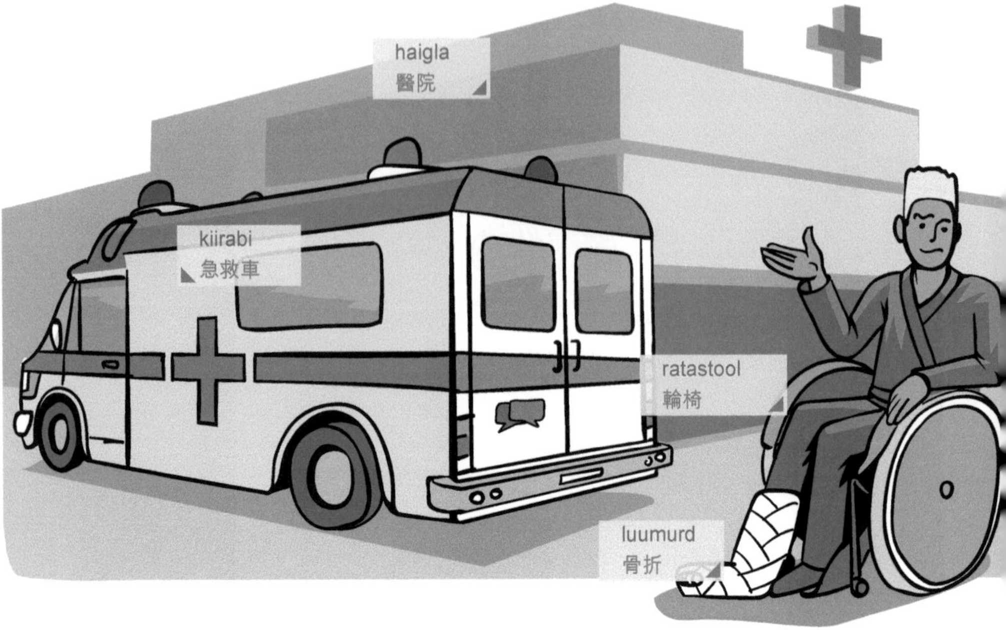

haigla
醫院
kiirabi
急救車
ratastool
輪椅
luumurd
骨折

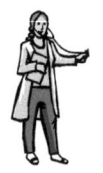

arst

醫師

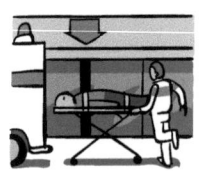

traumapunkt

急診室

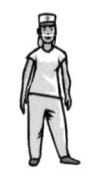

meditsiiniõde

護理師

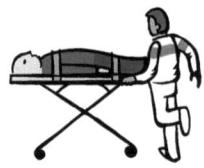

hädaolukord

緊急情形

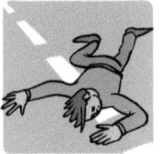

teadvuseta

昏迷

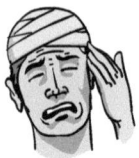

valu

痛

vigastus

受傷

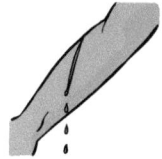

verejooks

出血

südamerabandus

心臟病發作

insult

中風

allergia

過敏

köha

咳嗽

palavik

發燒

gripp

流感

kõhulahtisus

腹瀉

peavalu

頭痛

vähk

癌症

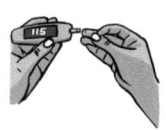

diabeet

糖尿病

kirurg

外科醫師

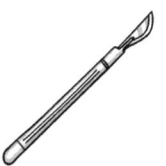

skalpell

手術刀

operatsioon

手術

KT

電腦斷層掃描

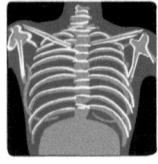

röntgen

X光

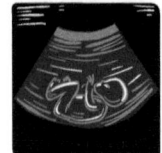

ultraheli

超音波

mask

口罩

haigus

疾病

ooteruum

候診室

kark

拐杖

kips

石膏

side

繃帶

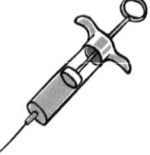

süst

注射

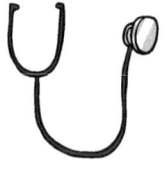

stetoskoop

聽診器

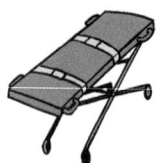

kanderaam

擔架

kraadiklaas

體溫計

sünd

出生

ülekaaluline

超重

kuuldeaparaat

助聽器

desinfektsioonivahend

消毒液

põletik

感染

viirus

病毒

HIV / AIDS

愛滋病

meditsiin

藥物

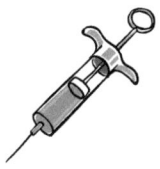

vaktsineerimine

接種疫苗

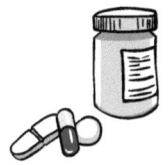

tabletid

藥片

pill

藥丸

hädaabikõne

急救電話

vererõhuaparaat

血壓計

haige / terve

生病/健康

Appi!

救命！

häire

警報

kallaletung

突擊

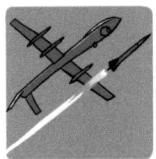

rünnak

攻擊

oht

危險

avariiväljapääs

緊急出口

Tulekahju!

失火了！

tulekustuti

滅火器

õnnetus

意外

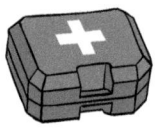

esmaabikomplekt

急救箱

SOS

呼救訊號

politsei

員警

Euroopa

歐洲

Põhja-Ameerika

北美洲

Lõuna-Ameerika

南美洲

Aafrika

非洲

Aasia

亞洲

Austraalia

澳洲

Atlandi ookean

大西洋

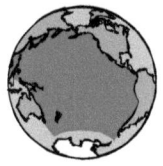

Vaikne ookean

太平洋

India ookean

印度洋

Lõuna-Jäämeri

南冰洋

Põhja-Jäämeri

北冰洋

põhjapoolus

北極

lõunapoolus

南極

Antarktika

南極洲

Maa

地球

maismaa

陸地

meri

海

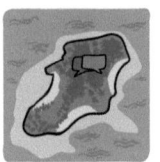

saar

島

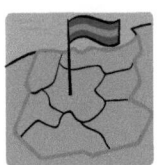

rahvus

國家

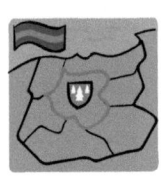

riik

州

sihverplaat

錶盤

tunniosuti

時針

minutiosuti

分針

sekundiosuti

秒針

Mis kell on?

現在幾點？

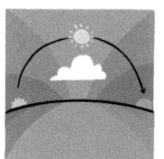

päev

天

aeg

時間

praegu

現在

digitaalne kell

電子錶

minut

分

tund

時

esmaspäev
週一

kolmapäev
週三

reede
週五

MO

W

FR

TU

TH

SA

SO

teisipäev
週二

laupäev
週六

neljapäev
週四

pühapäev
週日

eile

昨天

täna

今天

homme

明天

hommik

早晨

lõuna

中午

õhtu

晚上

MO	TU	WE	TH	FR	SA	SU
1	2	3	4	5	6	7
8	9	10	11	12	13	14
15	16	17	18	19	20	21
22	23	24	25	26	27	28
29	30	31	1	2	3	4

tööpäevad

工作日

MO	TU	WE	TH	FR	SA	SU
1	2	3	4	5	6	7
8	9	10	11	12	13	14
15	16	17	18	19	20	21
22	23	24	25	26	27	28
29	30	31	1	2	3	4

nädalavahetus

週末

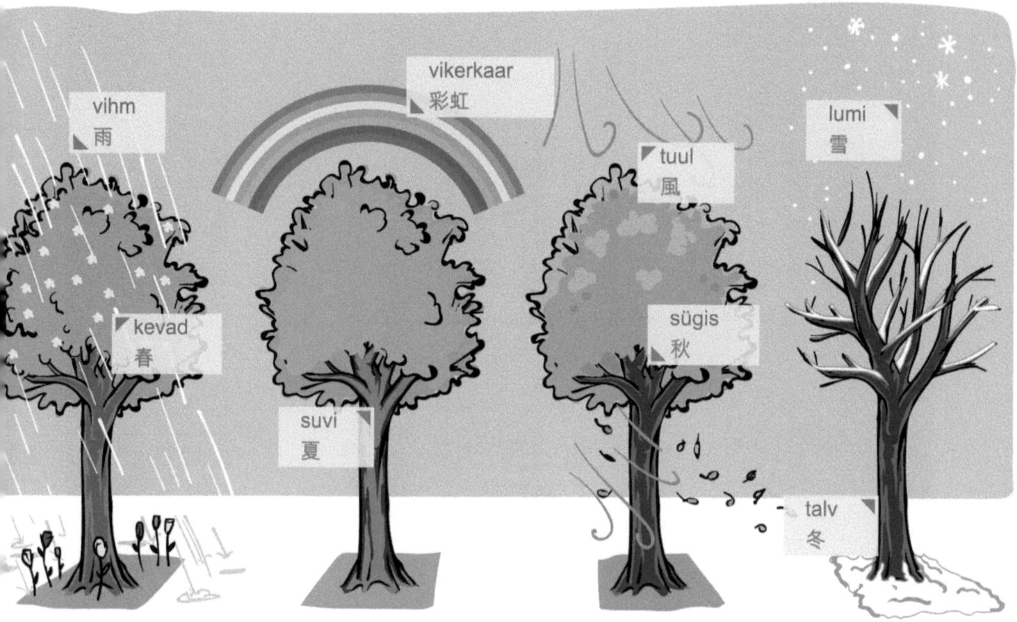

vihm
雨

vikerkaar
彩虹

tuul
風

lumi
雪

kevad
春

suvi
夏

sügis
秋

talv
冬

ilmaennustus

天氣預告

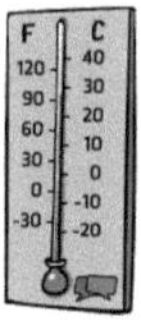

termomeeter

溫度計

päikesepaiste

陽光

pilv

雲

udu

霧

niiskus

潮濕

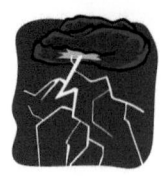

pikne

閃電

kõu

打雷

torm

風暴

rahe

冰雹

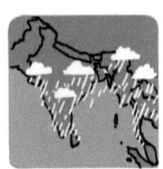

mussoon

季風

üleujutus

洪水

jää

冰

jaanuar

一月

veebruar

二月

märts

三月

aprill

四月

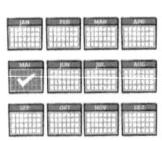

mai

五月

juuni

六月

juuli

七月

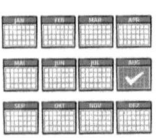

august

八月

september
....
九月

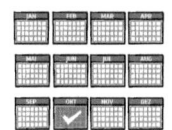

oktoober
....
十月

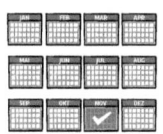

november
....
十一月

detsember
....
十二月

ring
....
圓形

ruut
....
正方形

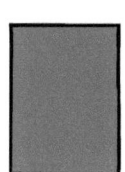

nelinurk
....
長方形

kolmnurk
....
三角形

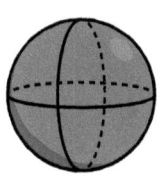

kera
....
球體

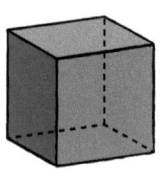

kuup
....
立方體

valge

白

kollane

黃

oranž

橙

roosa

粉

punane

紅

lilla

紫

sinine

藍

roheline

綠

pruun

棕

hall

灰

must

黑

palju / vähe

很多/少許

vihane / rahulik

生氣/平靜

ilus / inetu

美/醜

algus / lõpp

首/尾

suur / väike

大/小

hele / tume

明/暗

vend / õde

兄弟/姐妹

puhas / must

乾淨/骯髒

täielik / puudulik

完整/缺失

päev / öö

白天/晚上

surnud / elus

死/生

lai / kitsas

寬/窄

söödav / mittesöödav

可食用/非食用

kuri / sõbralik

邪惡/善良

põnevil / tüdinud

興奮/無聊

paks / peenike

胖/瘦

esimene / viimane

第一/最後

sõber / vaenlane

朋友/敵人

täis / tühi

滿/空

kõva / pehme

硬/軟

raske / kerge

重/輕

nälg / janu

餓/渴

haige / terve

生病/健康

ebaseaduslik / seaduslik

非法/合法

tark / rumal

聰明/愚笨

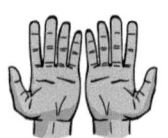

vasak / parem

左/右

lähedal / kaugel

近/遠

vastandid - 反義詞

uus / kasutatud

新/舊

mitte midagi / midagi

沒有/有些

vana / noor

老/幼

sees / väljas

開/關

lahti / kinni

打開/闔上

vaikne / vali

安靜/吵鬧

rikas / vaene

富/窮

õige / vale

對/錯

kare / sile

粗糙/光滑

kurb / rõõmus

傷心/高興

lühike / pikk

短/長

aeglane / kiire

慢/快

märg / kuiv

濕/乾

soe / jahe

溫暖/涼爽

sõda / rahu

戰爭/和平

0	**1**	**2**
null	üks	kaks
零	一	二
3	**4**	**5**
kolm	neli	viis
三	四	五
6	**7**	**8**
kuus	seitse	kaheksa
六	七	八
9	**10**	**11**
üheksa	kümme	üksteist
九	十	十一

12
kaksteist
十二

13
kolmteist
十三

14
neliteist
十四

15
viisteist
十五

16
kuusteist
十六

17
seitseteist
十七

18
kaheksateist
十八

19
üheksateist
十九

20
kakskümmend
二十

100
sada
百

1.000
tuhat
千

1.000.000
miljon
百萬

inglise

英語

Ameerika inglise

美式英語

mandariini

普通話

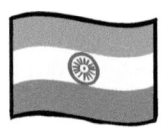

hindi

印地語

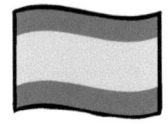

hispaania

西班牙語

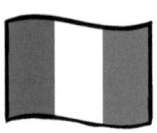

prantsuse

法語

araabia

阿拉伯語

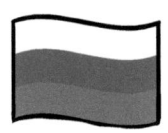

vene

俄語

portugali

葡萄牙語

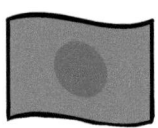

bengali

孟加拉語

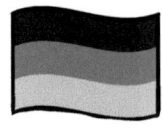

saksa

德語

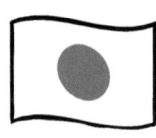

jaapani

日語

mina

我

sina

你

tema

他/她/它

meie

我們

teie

你們

nemad

他們

kes?

誰？

mis?

什麼？

kuidas?

如何？

kus?

何處？

millal?

何時？

nimi

名字

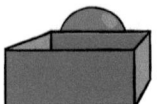

taga

後面

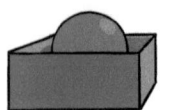

sees

裡面

ees

前面

kohal

上方

peal

上面

all

下麵

kõrval

旁邊

vahel

中間

koht

地點